edition das künstlerbuch

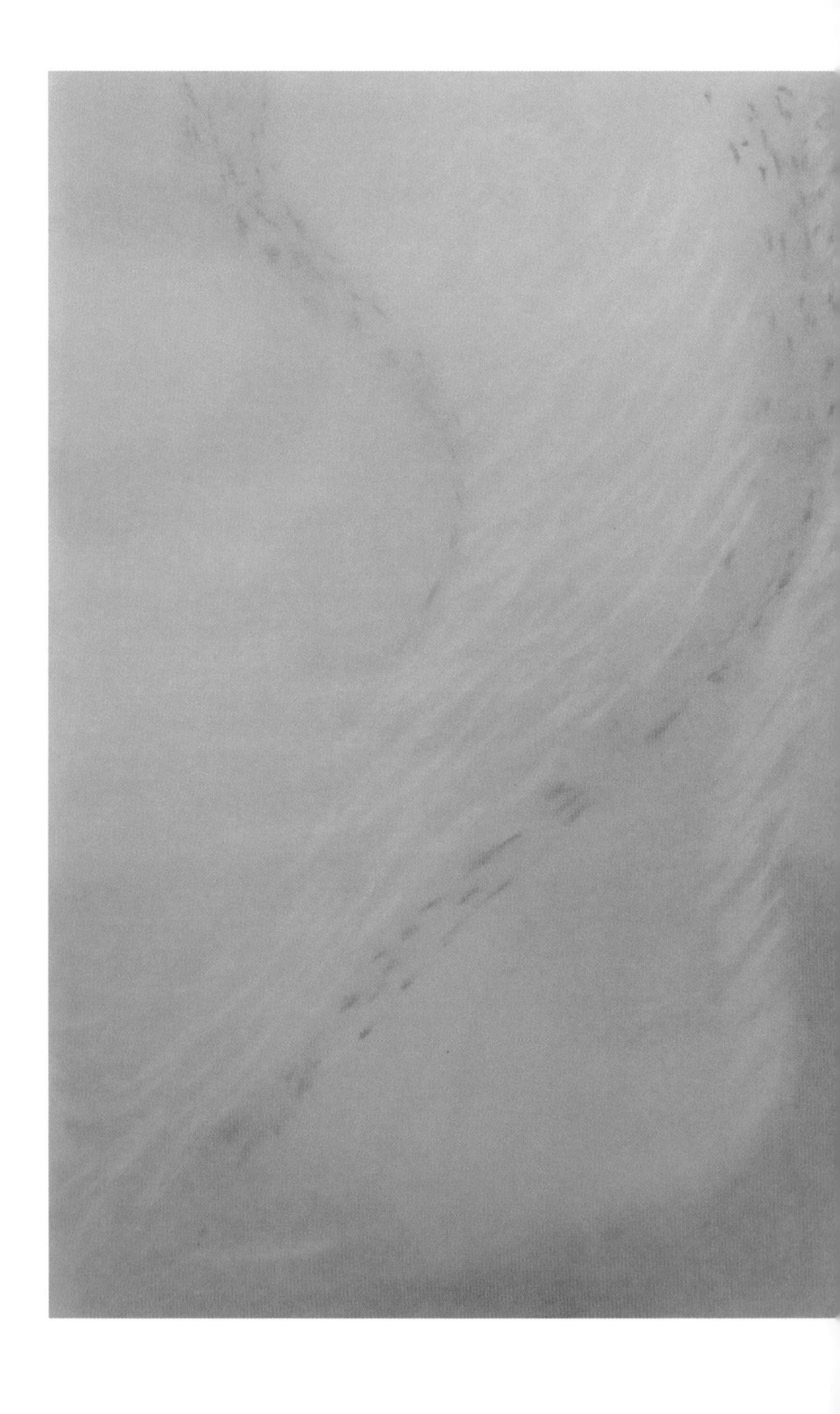

Ingrid Neumann-Dannecker

Geistesblitz und Farbenrausch

Gedichte & Bilder

edition das künstlerbuch
im karin fischer verlag

LEBENSWEISHEITEN berühmter Dichter und Denker

bildnerisch interpretiert

von

Jngrid Neumann-Dannecker

Prolog

Am Ende des letzten Jahrtausends fand ich im Nachlass meiner Mutter liebevoll gesammelte Briefe und Sinnsprüche. Einiges davon schrieb sie auf Zettelchen und legte sie, wie einen kleinen Schatz, zur Seite. Als sie mir in die Hände fielen, war mir sofort bewusst, dass ich diese hinterlassene Nachricht bewahren und in meine eigene Bildsprache übersetzen würde: Das Manuskript »Geistesblitz und Farbenrausch« entstand.

Danach legte ich das Manuskript ebenfalls in die Schublade, und so lag und lag es und wurde vergessen. Neujahr 2015 öffnete ich die Schublade und das Manuskript fiel mir abermals in die Hände. Ich war sehr berührt. Nach so vielen Jahren erhielt ich eine Mitteilung aus einer anderen Zeit.

Nun, da ich selbst im Herbst meines Lebens angekommen bin, ist es mir eine große Freude, jedem einzelnen Aphorismus mit meiner heutigen lyrischen Erfahrungswelt Ausdruck zu geben. Die Comics entstanden dank der modernen digitalen Möglichkeit auf dem Tablet.

Für mich schließt sich mit dem Aphorismus von Antoine de Saint-Exupéry – »Die wirkliche Liebe beginnt, wo keine Gegengabe mehr zu erwarten ist« – mit meinem letzten Gedicht – »Über allem steht die Liebe« – der Kreis.

Ich werde meine Mutter immer liebend in meinem Herzen bewahren und bin ganz sicher, sie mich auch.

Im Februar 2017
Ingrid Neumann-Dannecker

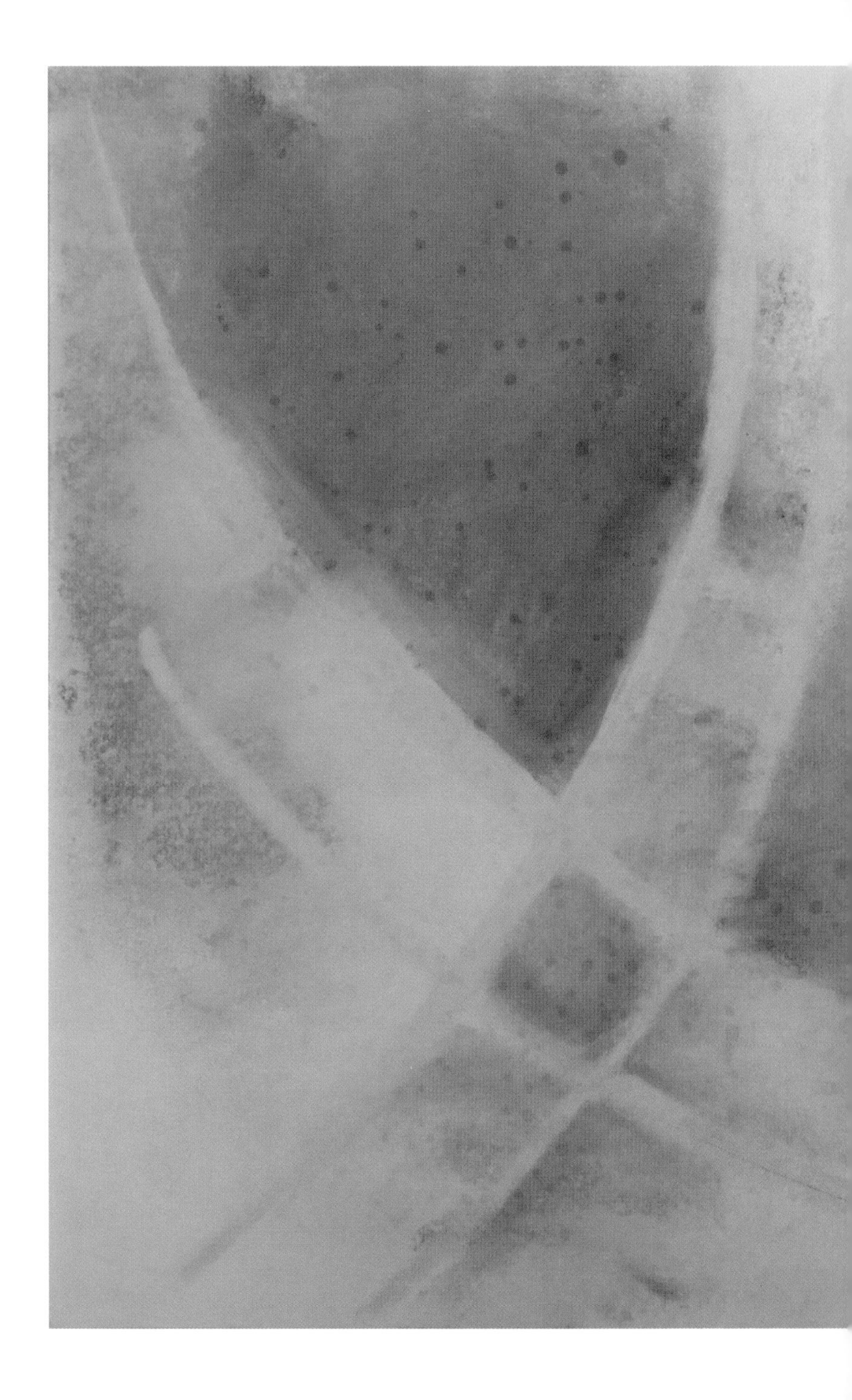

für

HILDE

UND MEINE SEELE SPANNTE
WEIT IHRE FLÜGEL AUS,
FLOG DURCH DIE STILLEN LANDE,
ALS FLÖGE SIE NACH HAUS.

Joseph von Eichendorff

1

Stoßgebet

Herr, gib Geist dem Volk der Erde,
lass Verstand und Einsicht blühn,
dass Gemeinsinn wirklich werde,
die Welt nicht schwarz wird, sondern grün.

Herr, lass niemals Religionen wüten,
als Fratze zeigen sie Gesicht,
von Ost nach West, von Norden, Süden,
Verdammnis heißt das Strafgericht.

Herr, lass Schreckensherrschaft wanken
und gib der Folter keinen Raum,
Grausamkeit kennt keine Schranken,
Zerstörung heißt des Menschen Traum.

Das Leben müssen wir begreifen
als größtes Wunder dieser Welt,
lass Liebe als das Höchste reifen
im universellen Himmelszelt.

Zweifle nicht an dem, der dir
sagt, er hat Angst
aber hab Angst vor dem,
der dir sagt, er kennt
keinen
Zweifel.

Zweifle nicht an dem
der dir sagt, er hat Angst
aber hab Angst vor dem,
der **dir sagt,**
er kennt keinen Zweifel

Erich Fried

2

Erst ein leichtes Unbehagen
steigt sie auf … schlägt auf den Magen
Schicksal nimmt nun seinen Lauf
der Herzschlag kriecht den Hals hinauf
Kälte rieselt in den Nacken
lässt das Blut in Beine sacken
Angstschweiß treibt sich auf die Stirn
Versorgung fehlt jetzt dem Gehirn
die Töne sich ins Nichts bewegen
die Ohnmacht folgt – oh welch ein Segen!

Ruhe, Stille, wohlig warm …

von ganz weit her ertönt Alarm
ein Strom durchzuckt all meine Glieder
die schöne Welt, sie hat mich wieder

die Angst

Wie
schade,
dass so
wenig Raum
ist zwischen
der Zeit, wo

man zu
jung, und
der, wo
man
zu alt
ist!

Montesquieu

3

Marcel Proust ... er sucht die Zeit
verloren in Unendlichkeit
mit klarem, tausendfachem Blick
schaut er auf seine Welt zurück
er fühlt an Kopf und Glieder
das Leben schmerzend wieder
der Schmerz als ständiger Begleiter
er drängt die Seele forschend weiter
die Seele sucht sich neue Sicht
Erlebtes zerrt als Schwergewicht
und lässt den Körper niemals los
Verzweiflung folgt ... unendlich groß
Veränderung sucht neue Bahnen
lässt Freiheitliches künftig ahnen
der Sprache Zukunft zu erfinden
hilft starre Grenzen überwinden
hilft Lebenslinien neu zu weben
und mit Mut befreit zu leben

Es ist ein Gesetz im Leben:
Wenn sich eine Tür schließt, öffnet sich dafür eine andere.
André Gide

Es ist ein

Gesetz im Leben,
wenn sich eine Tür
schleißt, öffnet sich
dafür eine
andere.

André Gide

4

aus dem Kosmos geboren
frei in Raum und Zeit
sich in mir manifestierend
erhebend
in den Kreislauf des Höchsten

die Seele?

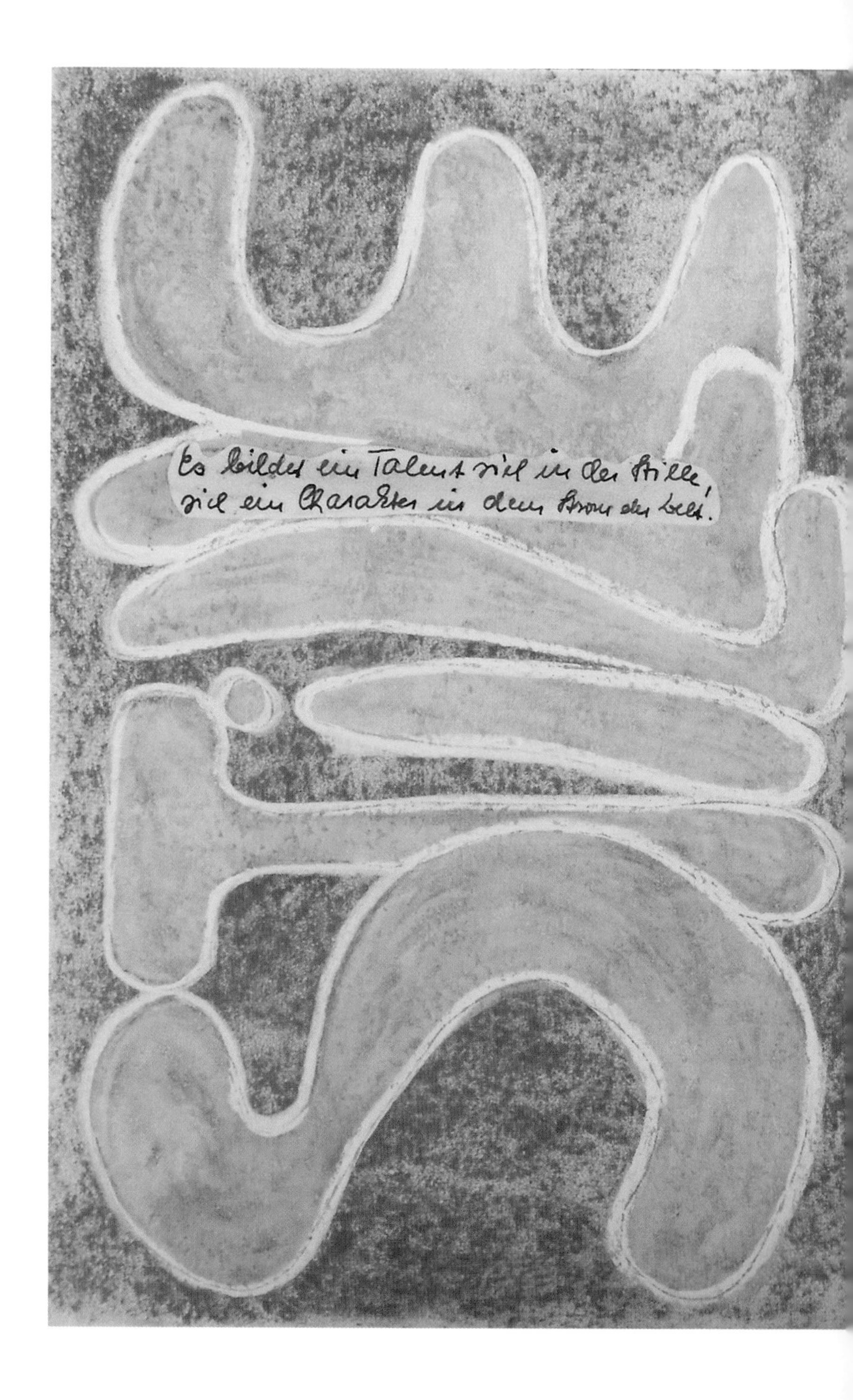
Es bildet ein Talent sich in der Stille,
sich ein Charakter in dem Strom der Welt.

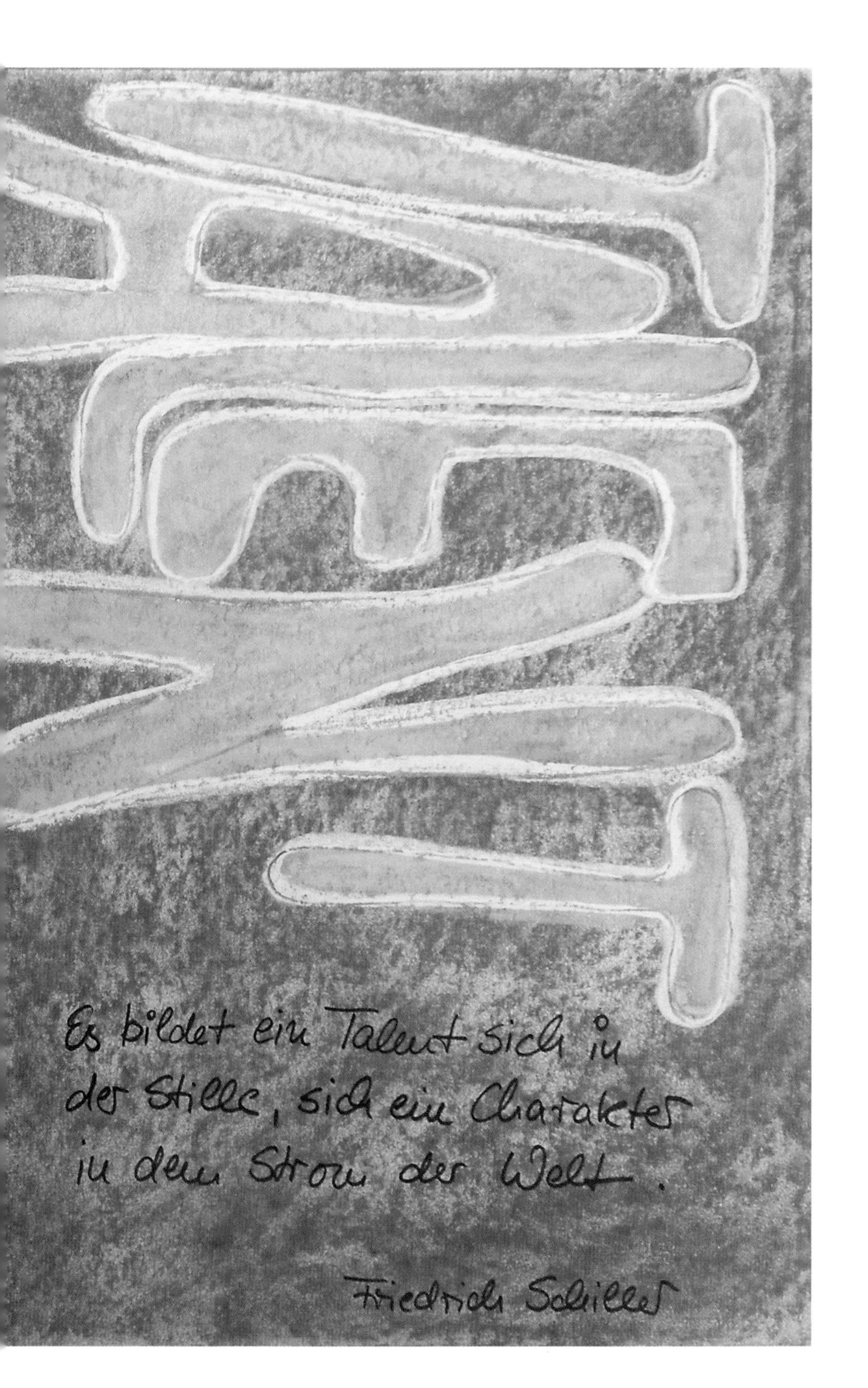
Es bildet ein Talent sich in
der Stille, sich ein Charakter
in dem Strom der Welt.
Friedrich Schiller

5

Stille … lässt mich aufhorchen
keinen Ton
keinen Laut
nichts

Stille … lässt mich zur Ruhe kommen
Gedanken kreisen
ohne Ablenkung
gedankenlos

Stille … erfahre ich in der Einsamkeit
eins mit mir sein
loslassen

loslassen … Ballast abwerfen
unabhängig sein
frei sein

frei … für neue Gedanken
Begabungen
Talente
sie suchen ihren Weg

Schaffet die Tränen
der Kinder ab !

Das lange Regnen in die Blüten ist so schädlich!

Jean Paul

6

Das Band

Unsere Zukunft, unser Leben,
liegt allein in unserer Hand,
was wir unseren Kindern geben,
webt und knüpft das Zukunftsband.

Bänder lassen eng sich schnüren,
lassen keinen freien Raum,
Durchbruch, Ausbruch sind Gebühren,
ersticken jeden Freiheitstraum.

Bänder können sich verwirren,
entknoten ist fast aussichtslos,
der Weg zur Lösung, der kann irren,
der Zorn und die Enttäuschung groß.

Bänder haben viele Schleifen,
drehen sich ganz sacht im Wind,
zart gebunden lassen reifen
Kinderseelen … vertrauensblind.

Lass alle Bänder fröhlich wehen,
die Liebe hältst du in der Hand,
lass alle ihre Wege gehen,
in ein unbekanntes Land.

Illusionen sind die Schmetterlinge des Lebens

- Volksweisheit -

7

der Schmetterling

Schmetterling und Schmetterliene
im Verbund mit Hummel, Biene
fliegen durch die Blumenwiesen
um den Nektar zu genießen

flattern luftig leicht ins Blau
trinken hier und dort vom Tau
fliegen auf im Himmelskreise
spielerisch auf ihre Weise

zeigen ihre Flügelpracht
vibrieren mit den Flügeln sacht
und tänzeln nieder, hoch und weit
sie ist da … die Sommerzeit

Eine Flaumenfeder •
kann • einen Kie
stein • zer sche
sofern sie von
der Hand der
Liebe geführt
wird

Hugo von Hofmannsthal

Eine Flaumfeder kann einen Kieselstein
rund schleifen, sofern sie von der Hand
der Liebe geführt wird.
Hugo von Hofmannsthal

8

Wenn ich mich im Spiegel sehe,
mich nach allen Seiten drehe,
wenn ich mir dein Bild betrachte
und auf deine Mimik achte,
wenn Kinderaugen mich anschauen
und auf meine Tatkraft bauen,
wenn Menschen meine Hilfe brauchen,
in mein Vertrauen sorglos tauchen,
wenn ich die Natur beschütze
und sie durch Achtsamkeiten stütze,
wenn Tiere ich als Freunde sehe,
kein Leid sie leiden und kein Wehe,
wenn ich beherrsche meine Triebe,
dann glaube ich …

man nennt es Liebe

Wenn die Natur nicht will, ist alle Arbeit umsonst.

Seneca

9

Menschheitstraum

der Traum des Menschen
die Natur zu besiegen
führt uns beständig
zu Unglück und Kriegen

die Sonne, die Stürme
das Meeresgetöse
lässt uns erfahren
die wahre Größe

sie sind das Maß
das wir Menschen bedienen
die Natur zu bewahren
Vergangenheit sühnen

Das Glück wohnt nicht im Be
und nicht im Golde, das Glücks
gefühl ist in der Seele
zu Hause.

Demokrit

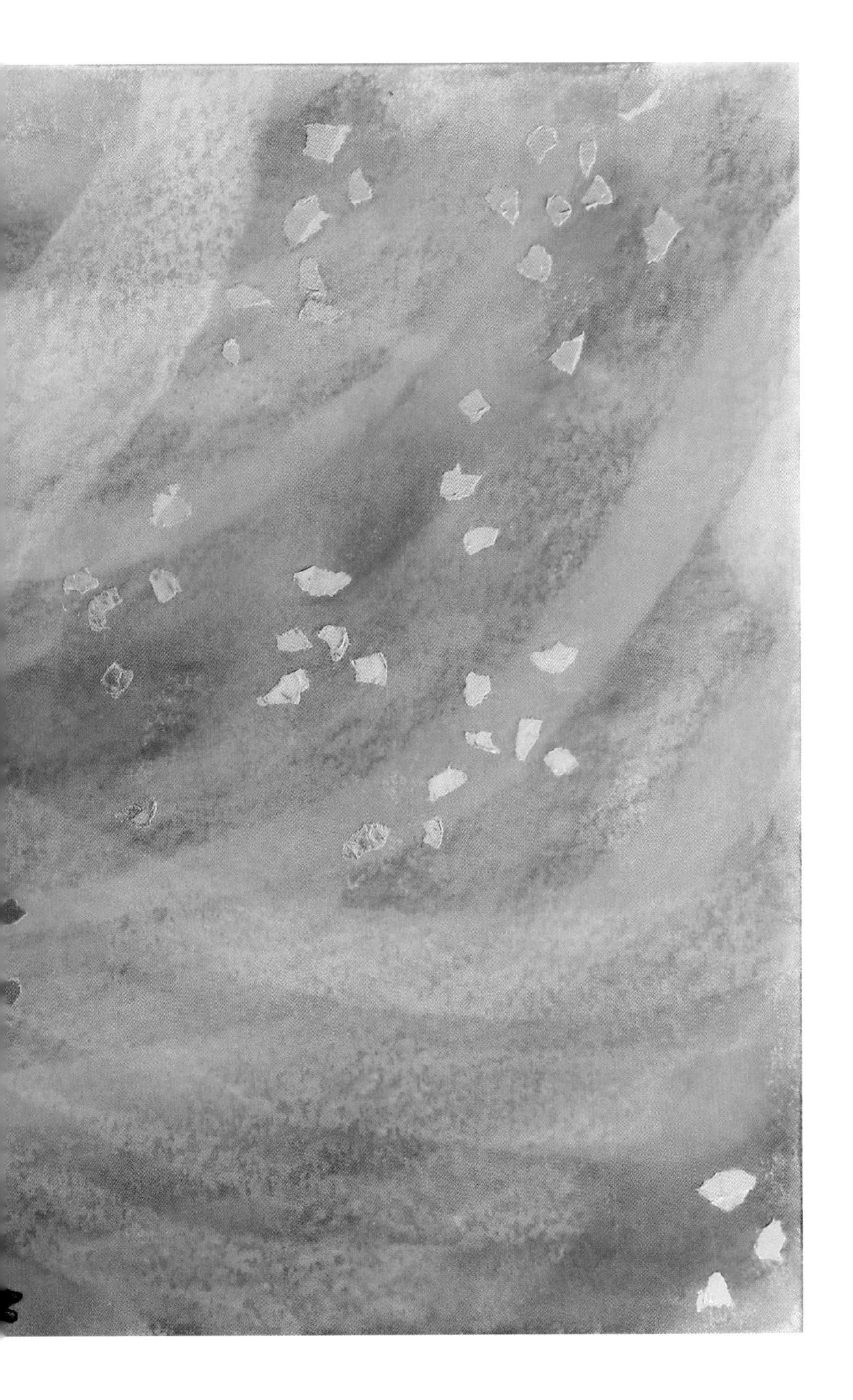

10

Ein freies Wort, tausend Gedanken
durchbrechen Grenzen, sprengen Schranken.
Das Glück im Hier und Jetzt zu leben,
der Menschheitsseele Ausdruck geben,
dem Nächsten Liebe, Nähe schenken
und sich in seinem Blick versenken,
im Sommer in den Himmel schauen
und angstfrei auf die Zukunft bauen.
Des Menschen Geist Geschicke lenkt,
das Schicksal uns mit Glück beschenkt.

NICHT JED
WOLKE ERZ

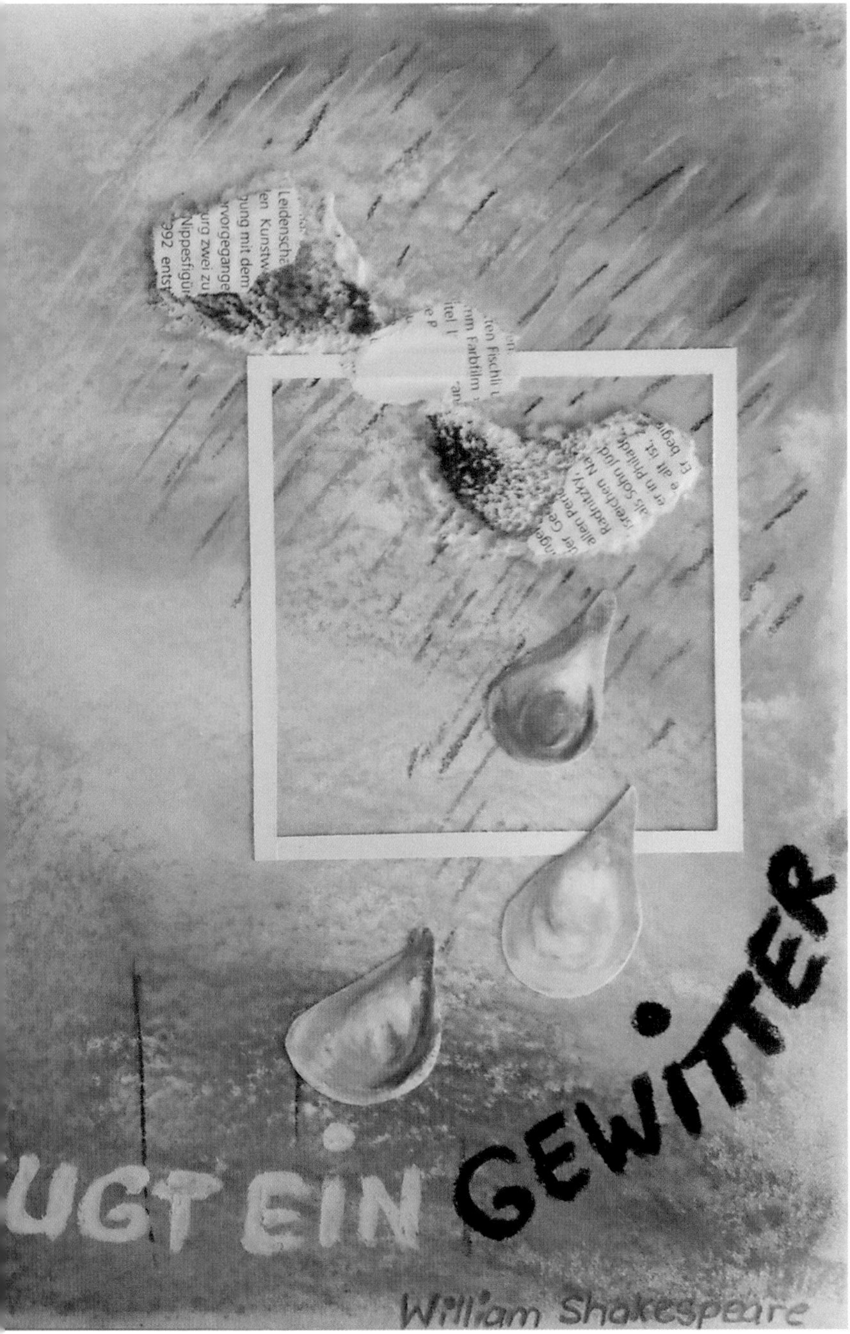
UGT EIN GEWITTER
William Shakespeare

11

Rätsel

Sie ziehen auf im Himmelsblau,
in Farben rosa, weiß und grau,
mal zeigen sie sich wüst zerrupft,
ein andermal wie hingetupft,
sie bauschen sich auf flockenweise,
spielerisch im Windeskreise.
Sie ziehen auf, mal hoch mal nieder,
und treffen sich als Monster wieder.
Der Wind treibt sie zum hohen Turm,
und peitschend jagt er sie im Sturm.
Sie werden dicht und tonnenschwer,
der Regen fällt …
                    nun sind sie leer.

Miteinander sprechen ist besser,
als gegeneinander zu schweigen

stechen ist besser
gegeneinander zu schweigen
Ignazio Silone

12

Verständigung

ich sehe dich / du siehst mich
ich höre dich / du hörst mich
ich rieche dich / du riechst mich
ich fühle dich / du fühlst mich

ich sehe dich an / du siehst mich an
ich höre dir zu / du hörst mir zu
ich berieche dich / du beriechst mich
ich fühle mit dir / du fühlst mit mir

wir erkennen uns
wir erfahren uns
wir verstehen uns
wir berühren uns

wir sprechen miteinander

vielleicht lieben wir uns

?

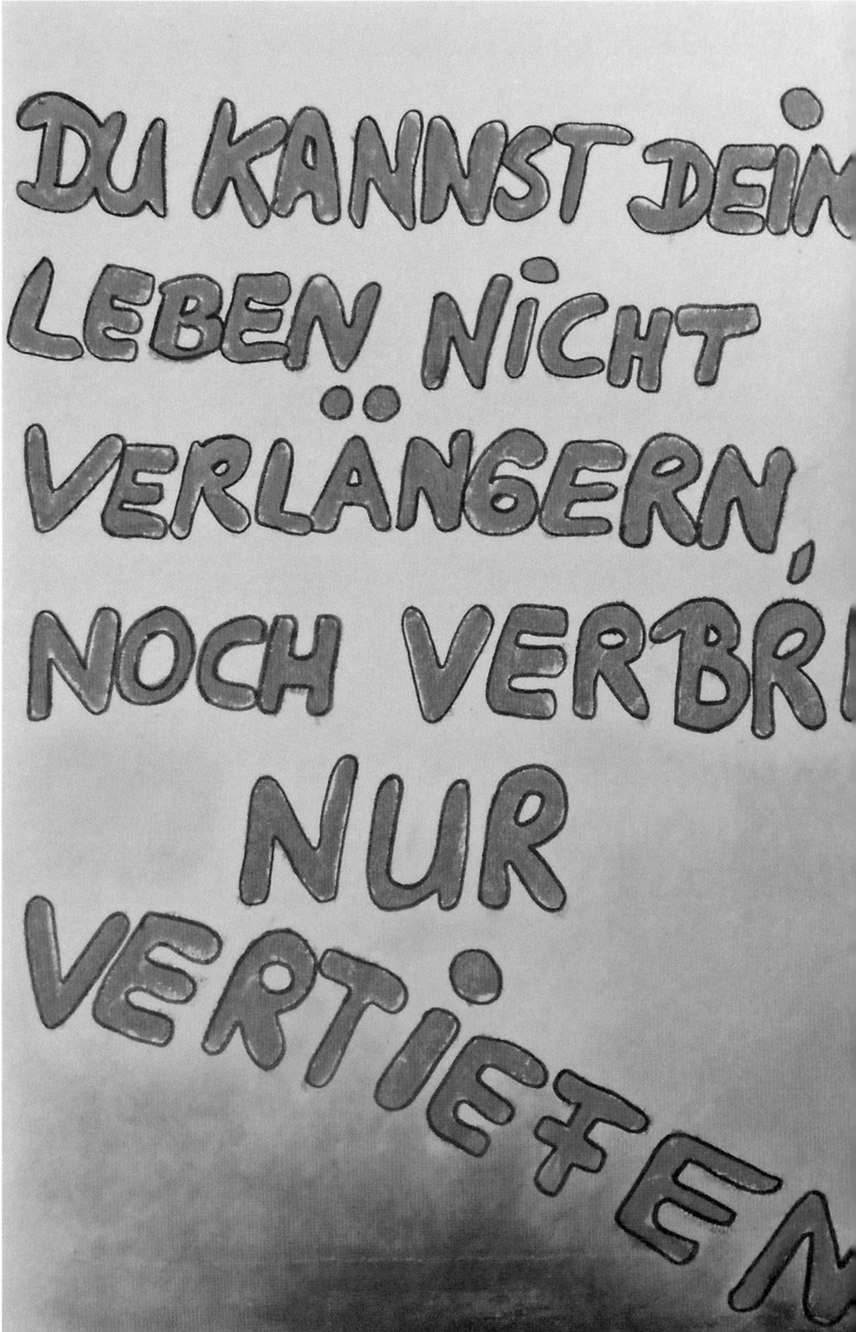

DU KANNST DEIN
LEBEN NICHT
VERLÄNGERN,
NOCH VERBR
NUR
VERTIEFEN

Du kannst dein Leben
nicht verlängern,
noch verbreitern,
nur vertiefen
Fock.

ITERN!

Gorch Fock

13

ein jedes Leben,
es hat seine Zeit.
es lebt sich bedrängt,
es lebt sich ganz weit,
es lebt sich verloren
im rotierenden Kreise,
es lebt sich gemeinsam
in liebender Weise,
es lebt sich sehr flüchtig
und ohne Besinnen,
es lebt sich gedankenlos,
nichts mag gelingen,
es lebt sich berauschend
in all unserem Wollen
und ohne Bedenken,
was wir leben sollen,
und leben das Leben
mit Herz und Hand,
es führt uns nach innen,
ins unendliche Land.

Alles ist

ENN ICH MEINEN NÄCHSTEN
ERURTEILE, KANN ICH MICH
RREN, WENN ICH IHM
VERZEIHE,

NIE

WAGGERL

14

Ein Urteil zu sprechen
geht leicht von der Hand.
Ich brauche dazu nicht
ein liebendes Band.
Als Zutaten nehme ich
Geschichten vom Hören,
lass andere auf die
Richtigkeit schwören,
hinzu gebe ich Fakten
und Wissen in Massen,
auf dieses Rezept kann
sich jeder verlassen.
Doch Recht spricht nur der,
der mit Liebe bemisst,
bei Einsicht und Reue
die Rache vergisst,
das Herz sprechen lässt
und Unrecht verzeiht,
die menschliche Güte
übersteht alle Zeit.

Der ist nicht frei, der da will tun können, was er will, sondern der ist frei, der da wollen kann, was er tun soll.

DER
IST NICHT
FREI.

DER
DA WILL
TUN KÖNN

WAS ER WP

Matthias Claudiu

SONDERN
DER IST
FREI,

WAS
ER
TUN SOLL.

15

Freiheit ist ein Diamant
kostbar und heiß begehrt
nach allen Seiten funkelnd
grenzenlos

Freiheit ist ein Diamant
entstanden unter größtem Druck
hitzeversengend
gnadenlos

Freiheit ist ein Diamant
geschürft durch des Menschen Hand
ohne Rücksicht
erbarmungslos

Freiheit ist ein Diamant
durch Menschenkönnen sorgfältig geschliffen
gleisend im Licht
unendlich

Freiheit ist ein Diamant
der Menschenseele alles fordernd
überstrahlt von der unendlichen Liebe

ewig

Der Menschhei
Würde ist in
eure Hand
gegeben –
bewahret
sie!

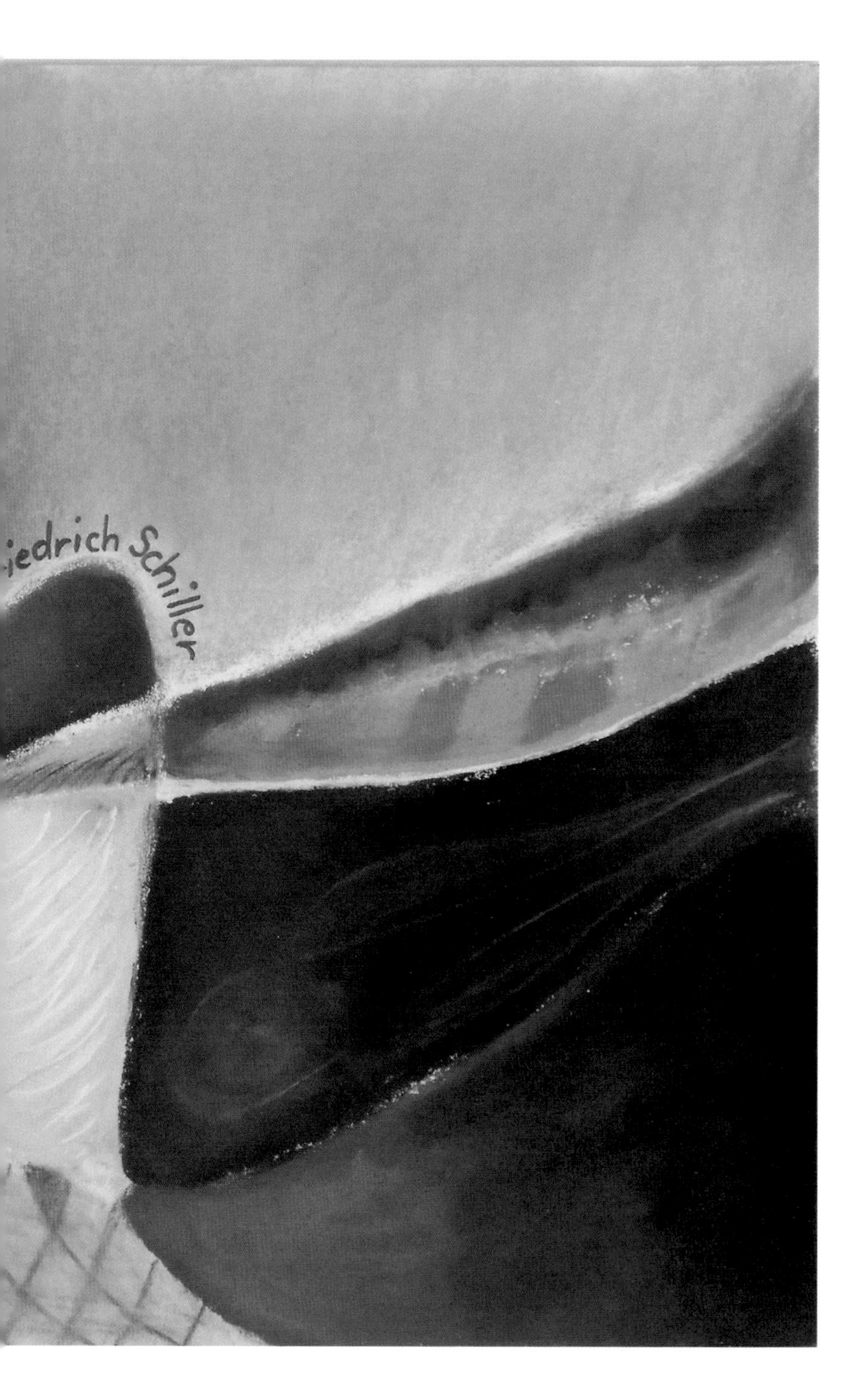
iedrich Schiller

16

Die größte Herausforderung der Menschheit
ist die eigene Menschlichkeit.
Sie bestimmt über der Menschheit Verweildauer
auf Erden.

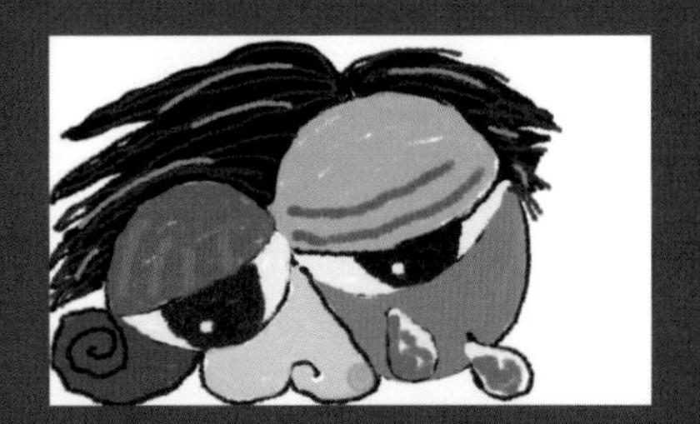

Die wirkliche Liebe beginnt, wo keine
Gegengabe mehr zu erwarten ist

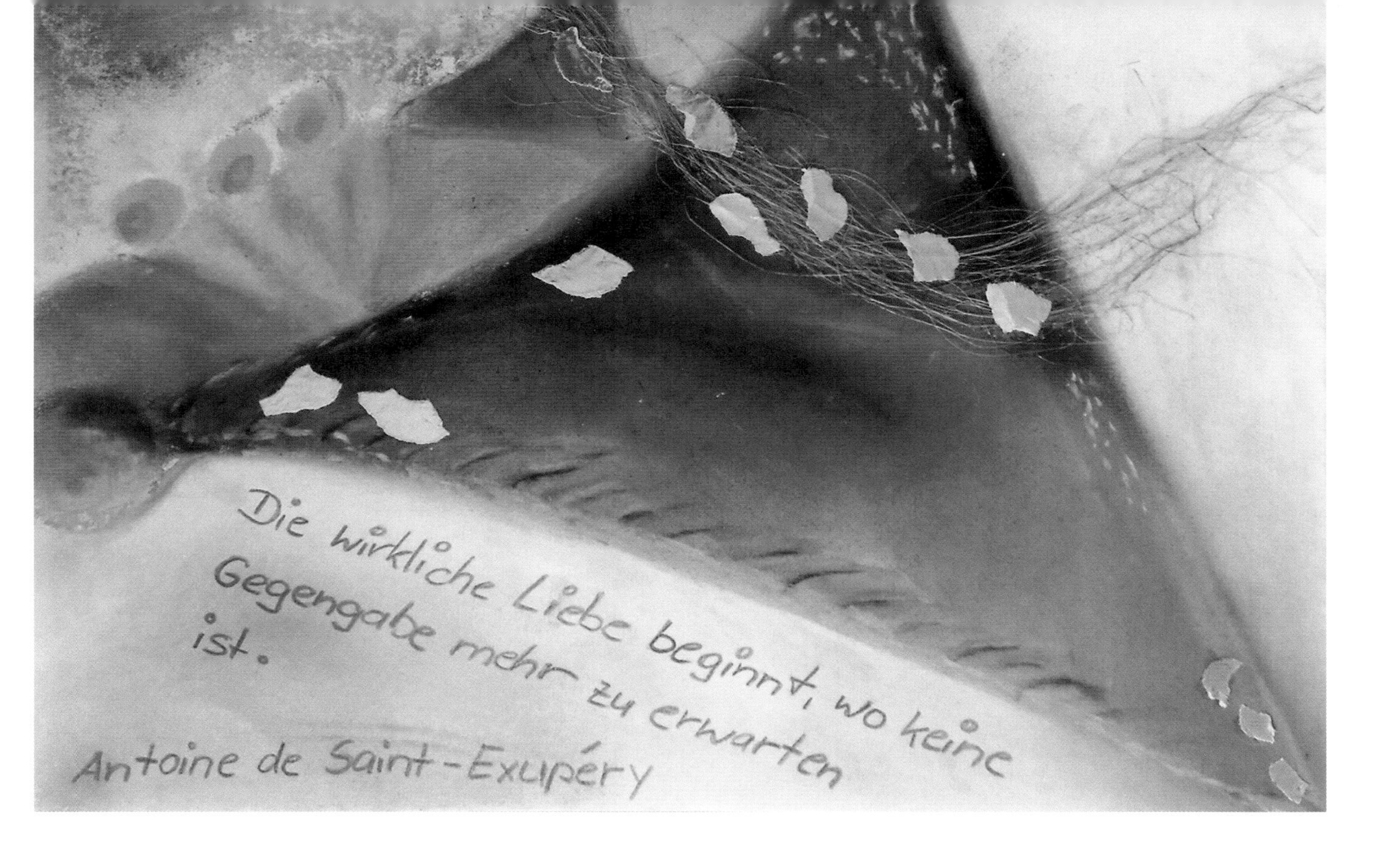
Die wirkliche Liebe beginnt, wo keine
Gegengabe mehr zu erwarten
ist.
Antoine de Saint-Exupéry

17

Über allem steht die Liebe

Liebe ist nur ein Wort
das Wort erreicht den Nächsten
der Nächste ist neben mir
mir ist seine Nähe wichtig
wichtig ist das Miteinander
miteinander beweisen wir Stärke
Stärke verleiht Flügel
Flügel erheben uns ins Göttliche
das Göttliche ist bedingungslos
bedingungslos ist die Liebe
Liebe ist nur ein Wort

das Wort erreicht den Nächsten
der Nächste ist neben mir
mir ist seine Nähe wichtig
wichtig ist das Miteinander
miteinander beweisen wir Stärke
Stärke verleiht Flügel
Flügel erheben uns ins Göttliche
das Göttliche ist bedingungslos
bedingungslos ist die Liebe
Liebe ist nur ein Wort

das Wort erreicht den Nächsten …

Inhalt

Bilderverzeichnis

Dank

Für die liebevolle und geduldige Erstellung meines digitalen Manuskripts bedanke ich mich bei meiner Tochter Sabine Henrike von ganzem Herzen.

Besuchen Sie uns im Internet:
www.deutscher-lyrik-verlag.de
www.karin-fischer-verlag.de

Bibliografische Information
der Deutschen Nationalbibliothek
Die Deutsche Nationalbibliothek verzeichnet
diese Publikation in der Deutschen Nationalbibliografie;
detaillierte bibliografische Daten sind im Internet über
http://dnb.d-nb.de abrufbar.

1 2 3 4 5 22 21 20 19 18

ISBN 978-3-8422-4574-7

Umschlag: yen-ka

Satz im Verlag

Alle Abbildungen im Innenteil und Autorenfoto
von © Ingrid Neumann-Dannecker 2018

Covergestaltung unter Verwendung eines Bildes
von © Ingrid Neumann-Dannecker 2018

Hergestellt in Deutschland